Cláudio Martins

Fruta-pão

Paulinas

Dados Internacionais de Catalogação na Publicação (CIP)
(Câmara Brasileira do Livro, SP, Brasil)

Martins, Cláudio
   Fruta-pão / Cláudio Martins ; ilustrações do autor. –
4. ed. – São Paulo : Paulinas, 2013. – (Coleção estrela)

   ISBN 978-85-356-3665-9

   1. Literatura infantojuvenil   I. Título.   II. Série.

13-11726   CDD-028.5

Índices para catálogo sistemático:
   1. Literatura infantil   028.5
   2. Literatura infantojuvenil   028.5

4ª edição – 2014
1ª reimpressão – 2015
revisado conforme a nova ortografia

Direção-geral: *Flávia Reginatto*
Editora responsável: *Maria Alexandre de Oliveira*
Assistente de edição: *Rosane Aparecida da Silva*
Copidesque: *Mônica Elaine G. S. da Costa*
Coordenação de revisão: *Andréia Schweitzer*
Revisão: *Patrizia Zagni e Marina Mendonça*
Direção de arte: *Irma Cipriani*
Gerente de produção: *Felício Calegaro Neto*
Produção de arte: *Cristina Nogueira da Silva*

Nenhuma parte desta obra pode ser reproduzida ou transmitida por qualquer forma e/ou quaisquer meios (eletrônico ou mecânico, incluindo fotocópia e gravação) ou arquivada em qualquer sistema ou banco de dados sem permissão escrita da Editora. Direitos reservados.

Paulinas
Rua Dona Inácia Uchoa, 62
04110-020 – São Paulo – SP (Brasil)
Tel.: (11) 2125-3500
http://www.paulinas.org.br – editora@paulinas.com.br
Telemarketing e SAC: 0800-7010081
© Pia Sociedade Filhas de São Paulo – São Paulo, 2005

Todo mundo sabe
que o céu começa no chão
e depois estica lá para cima,
até o tal de infinito.
Num dia, um passarinho voou baixo,
mas tão baixo,
que uma menina...

... conseguiu pegar uma semente no bico dele. Uma daquelas flores que giram com o sol cantou assim:
– Menina ladrona, isso vai dar muita briga! Eu já sei que você vai plantar a semente;

5

quando ela crescer e você virar gente,
dará grandes frutonas,
mas também muita intriga!
Dito e feito!

A menina plantou a semente
juntinho da casa dela,
que ficava ao lado do açougue,
perto da peixaria, da padaria,
da prefeitura e da casa da Dona Vizinha,
que falou assim:

— Nossa! Esta planta está crescendo demais!

E Dona Anastácia, a sabichona
dona da farmácia,
foi logo gritando:

— Isto é um ARTOCARPO!

Gritou tão alto que todos ouviram e perguntaram:
– O QUE É UM ARTOCARPO?

Dona Anastácia explicou:
– É uma árvore muito grande
que dá um fruto chamado FRUTA-PÃO.
Quando crescer, vocês irão ver...
matará a fome de muita gente!

O tempo passou.
A menina que plantou a semente cresceu e virou moça.

E a árvore, nossa!, cresceu mais ainda.

Mas a cidade cresceu mais.
Muito mais!

Todas as casinhas viraram prédios altos.
Altíssimos.
Mas nada era tão altíssimo
quanto a árvore de fruta-pão.

A árvore ganhou muitos apelidos carinhosos:
Lambe-nuvens, Mata-fome, Mãe-dos-pobres...
Um turista japonês
tentou fotografar e medir a árvore.
Mas ela não cabia na máquina fotográfica
e muito menos na fita métrica.

Aí o japonês disse que ela era maior que o céu, porque nascia no chão e espichava-se tantos e tantos metros até depois do infinito. Mas para o pessoal da cidade, ela estava bem assim: pro mundo todo, pra todo mundo.

Quer dizer, nem pra todo mundo.
É que havia muita gente descontente:
— Esse monstro verde atrapalha o trânsito!
— Não consigo dormir com essa bicharada piando, barulhando, mastigando e fedendo.
— As raízes quebram o passeio
e arrebentam o asfalto!

— Tem folha demais! Suja tudo!
— Detesto verde!
— Pinta a árvore de roxo!
— Que nada! Vou é tacar veneno no pé dela!!!

E tanto falaram e reclamaram
que o prefeito se reuniu com o juiz,
com o delegado, com o general etc. e tal,
e aí houve uma decisão geral:
– VAMOS ACABAR COM ELA!

Um menininho perguntou:
— E o nosso pão de cada dia?
— Sei lá! Vá trabalhar pra comer!
E a árvore foi cortada.

Estas páginas estão de luto
pela morte da árvore.

Mas, engraçado... olhe só!
As sementes foram caindo, caindo,
espalhando-se pelas ruas e avenidas,
teimando em ficar...

E um tempinho depois, numa manhã ensolarada de domingo,
ouviu-se um berro.
Era o ajudante do dono da cidade que gritava:

– O senhor não acredita! Começou tudo de novo! As sementes! As sementes...
– Semente?! Você mente!

Mas era verdade. Verdade verdadeira, verdosa, verdejante... E como é que pode?

Pode porque quem pode, pode!